AF267285

17K
3366
A

PETITE NOTICE

SUR

L'ÉTABLISSEMENT THERMAL

DE LAMALOU-L'ANCIEN

(Hérault)

DÉCLARÉ D'UTILITÉ PUBLIQUE (DÉCRET DU 10 AOUT 1864)

PAR

P.-C. COLLOT

(SECONDE ÉDITION)

POISSY

TYPOGRAPHIE DE S. LEJAY ET Cⁱᵉ

RUE DES DAMES, 16

1875

564

LK7
3366
A

AVANT-PROPOS

Les propriétés thérapeutiques des eaux de Lamalou-l'Ancien ont été appréciées dans des monographies intéressantes.

Déjà, au siècle dernier, vers 1750, Ch. Leroy et Masars de Cazelles ont constaté les heureux effets de ces thermes, alors très-primitifs.

En 1801, M. le docteur Saisset a publié une première notice spéciale sur Lamalou-l'Ancien.

Depuis cette époque, en 1842, M. le docteur Dupré, aujourd'hui l'un des professeurs éminents de la Faculté de Montpellier, et en 1858 M. le docteur Privat, inspecteur actuel de l'établissement thermal, ont plus vivement encore appelé l'attention du monde médical, en faisant mieux connaître l'importance et l'utilité de ces thermes.

M. le professeur Moitessier a également publié une excellente étude chimique des différentes eaux minérales du vallon de Lamalou.

Enfin, dans des ouvrages estimés, mais plus généraux, MM. le recteur Donné et le docteur Durand-Fardel ont, eux aussi, constaté la grande efficacité des bains de Lamalou-l'Ancien.

On nous dit que dans la dernière édition de son *Guide aux eaux minérales*, M. Constantin James se montre moins favorable à notre établissement qu'il ne l'était dans les éditions précédentes.

Cette modification n'étonnera pas le lecteur si nous lui disons que le propriétaire de Lamalou-l'Ancien a refusé d'indiquer à M. James *les points d'orgue* que ce dernier lui demandait par une note écrite de sa main.

Elle étonnera moins encore les médecins qui pourraient lire par hazard cette nouvelle édition ; tous savent que M. James s'est fait une spécialité.

Quant au propriétaire de l'établissement s'il a cru inutile de continuer une souscription qui coûtait plus qu'elle ne rapportait, c'est qu'il a pensé que ses eaux étaient suffisamment connues et appréciées des médecins et des malades, et qu'il n'avait pas besoin de faire jouer de la flûte pour en propager la renommée.

Pour l'auteur de cette petite notice, il s'acquitte d'un devoir rigoureux en adressant ici ses remerciements aux auteurs qui lui ont fourni les matériaux de son travail ; et, en définitive, il n'a d'autre prétention que celle de leur avoir emprunté consciencieusement, pour les réunir, les quelques pages qui composent ce recueil.

LAMALOU-L'ANCIEN

HISTORIQUE — CLIMAT — TEMPÉRATURE

Lamalou-l'Ancien est situé dans le département de l'Hérault, arrondissement de Béziers, prés de Bédarieux, dans la commune de Villecelle.

C'est à juste titre que l'établissement ajoute à son nom la qualification d'ancien. En effet, si l'on s'en rapporte à quelques vieux documents de la province, la découverte de la source d'*eaux bonnes pour les douleurs*, remonterait au XIe siècle, époque à laquelle on exploitait dans la contrée quelques filons de plomb argentifère.

Une légende populaire veut qu'un paysan, impotent par suite de douleurs articulaires très-vives, se soit guéri en se plongeant dans un bourbier situé près de la source actuelle. Le fait se serait passé vers 1640.

En 1700, des médecins célèbres recommandaient vivement les bains de Lamalou ; et c'est vers la même époque que le propriétaire, le seigneur du Poujol, faisait exécuter des travaux de captage et d'aménagement qui avaient semblé importants pour cette époque.

La réputation des bains grandissant toujours, les propriétaires furent obligés à des réparations et à des augmentations successives, qui ont actuellement fait de Lamalou-l'Ancien un établissement considérable.

Les bains, l'hôtel et les dépendances sont établis au pied de plusieurs petites montagnes qui forment le versant oriental du mont Caroux, et qui sont comme les chaînons qui unissent les Cevennes à la montagne noire; les sources principales sourdent au pied d'un coteau appelé *Usclade*, à une élévation de 194 mètres au-dessus du niveau de la mer.

Les eaux, aménagées avec soin, sont conduites dans des réservoirs bien cimentés, dans lesquels elles ne sauraient perdre beaucoup de leur calorique. C'est de ces réservoirs qu'elles sont ensuite dirigées vers les cabinets de bains et de douches, et vers les piscines.

Une avenue, bordée de tilleuls, de lauriers-roses et de rosiers presque toujours en fleurs, conduit de la route vicinale à l'établissement thermal.

Lamalou-l'Ancien, est seulement à 7 kilomètres de Bédarieux. Le climat est à peu près celui du bas Languedoc, légèrement modifié par le voisinage des montagnes; la température est généralement douce. Le pays est sain; les habitants sont très-robustes et parviennent à un âge assez avancé, la longévité dépasse la moyenne générale; les épidémies ou les endémies graves y sont très-rares. L'air des montagnes environnantes active toutes les fonctions et excite doucement l'énergie vitale.

C'est ordinairement le vent nord-ouest qui souffle à Lamalou; il tempère par sa fraicheur les journées les plus chaudes de l'été.

Le parc de promenade conduit les promeneurs dans les parties les plus retirées de la montagne, sous un ombrage fort gréable de châtaigniers, et, par un autre embranchement, à la buvette célèbre de Capus.

Le tableau suivant, établi par M. le docteur Privat, indique le nombre de jours de pluie depuis le 20 juin 1850 jusqu'en 1857.

MOIS DE L'ANNÉE.	1850	1851	1852	1853	1854	1855	1856	1857
Juin..	»	3	4	2	6	5	5	5
Juillet	2	2	»	1	4	1	1	»
Août	2	»	3	1	»	1	2	4
Septembre	5	2	2	5	»	4	1	7
Octobre	»	3	4	3	1	3	5	5
Novembre			2	7	1	8	»	12
Décembre			1	2	1	1	4	1
Janvier				6	1	»	7	1
Février				2	1	3	1	10
Mars				6	1	3	11	4
Avril				1	2	»	8	»
Mai				16	5	»	7	5

D'où résulterait, pour ces cinq années, une moyenne de vingt-deux jours de pluie par an.

Le vent qui domine dans la contrée est le nord-ouest, tandis que le sud-est y amène surtout la pluie. Les orages viennent presque toujours du sud-ouest.

La neige tombe rarement à Lamalou et elle fond au moment où elle tombe.

C'est vers la fin de février ou les premiers jours de mars que la végétation prend son essor.

La moyenne de température constatée par le Dr Privat est :

Juin	21	07
Juillet	24	08
Août	25	05
Septembre	19	08
Octobre	16	04
Novembre	10	09
Décembre	7	
Janvier	6	04

Février............... 5 02
Mars................. 9
Avril................ 14 08
Mai................. 17

Analyse des eaux et des sédiments.

L'analyse des eaux thermales de Lamalou-l'Ancien et celle des sédiments qu'elle laisse en dépôt, a été faite déjà à plusieurs reprises.

L'ancienne source, la seule connue jusqu'en 1862, naît au pied du coteau de l'Usclade, et c'est au point de son émergence qu'est élevé l'établissement thermal.

L'eau est parfaitement limpide, claire et transparente ; l'acide carbonique s'en dégage incessamment et produit un dégagement bulleux qui augmente par l'agitation. Si l'eau est abandonnée à elle-même au contact de l'air, sa surface se couvre d'une pellicule qui finit par former à la longue une espèce de croûte.

L'eau n'a point d'odeur ; sa saveur, légèrement acide, est un peu amère et styptique.

La quantité d'eau débitée a été jaugée en (1861) par M. le docteur Privat. On a trouvé 120 litres par minute, soit 7,200 litres par heure, soit 175 mètres cubes environ par vingt-quatre heures.

Les sources nouvelles, dont nous parlerons un peu plus loin, fournissent une quantité beaucoup plus considérable. Le jaugeage fait en janvier 1875 donne plus de 150 litres par minute.

La première analyse connue de l'ancienne source fut faite en 1809, par M. Saintpierre. En 1840 et 1841, M. le docteur Dupré et M. Palmier recommencèrent ce travail, qui toutefois devait encore être l'objet d'une étude spéciale quelques années plus tard. M. le professeur Bérard, en 1850, fit à son tour une analyse qui a été publiée par M. le docteur Patissier, dans son rapport officiel sur le service médical des établissements thermaux. Mais le travail le plus récent, et par conséquent le plus complet, par le fait des nombreux et importants progrès constatés au bénéfice des sciences chimiques dans ces derniers temps, est sans contredit le très-consciencieux travail de M. le professeur Moitessier, de la Faculté de médecine de Montpellier.

Une première étude chimique s'appliquait à toutes les sources du vallon de Lamalou.

Voici en quels termes il a apprécié les différents points qui sont relatifs à Lamalou-l'Ancien et qui sont antérieurs à 1860, la station de Lamalou-l'Ancien comprend trois sources :

» 1° La *Source des Bains,* désignée aussi sous les noms de *Grande Source, Ancienne Source.* C'est de beaucoup la plus importante des trois ; elle alimente à elle seule l'établissement thermal ;

» 2° La *Source Stoline, Buvette de l'Établissement.* Elle jaillit à quelques mètres de la précédente et vient couler dans la cour de l'établissement ;

» 3° La *Source Cardinal,* qui se groupe autour des deux autres et se trouve adossée à la façade du bâtiment.

Nous verrons dans cette étude que les trois sources que nous venons d'énumérer ont une composition chimique tout à fait identique et proviennent toutes du même griffon.

» I. Source des Bains. — Cette source est, de toutes celles de Lamalou, la plus anciennement connue. Le griffon se trouve dans une ancienne galerie de mines, et n'est que très-difficilement aborbable ; l'eau qui en jaillit se rend dans un réservoir d'attente, d'où elle se distribue aux piscines, aux baignoires et aux douches.

» L'eau de cette source, limpide lorsqu'on l'examine dans un verre, paraît au contraire trouble et de couleur jaunâtre

lorqu'elle est vue en masse considérable ; elle abandonne rap[
dement au contact de l'air des sédiments ocracés de couleu[
brunâtre, sur la composition desquels nous reviendrons plu[
loin ; en même temps, elle laisse dégager des bulles gazeuse[
en assez grande quantité.

» L'impression que l'on éprouve en se plongeant dans le[
piscines de Lamalou-l'Ancien consiste en un sentiment d[
bien-être général, qui augmente à mesure que le bain s[
prolonge. On ressent ordinairement, dès les premiers instant[
du bain, un léger picotement à la peau, qui ne tarde pas à s[
dissiper pour faire place à la sensation que ferait éprouver l[
contact d'un corps légèrement onctueux, et qui persiste pen[
dant quelque temps après la sortie du bain.

» La source qui nous occupe donnait lieu, avant la cons[
truction du bassin d'attente, à un phénomène singulier[
connu sous le nom de *poussée*. « La poussée, dit M. Privat[
consistait en un dégagement subit et très-notable de gaz, qu[
faisait bouillonner la masse de l'eau tout entière, avec ac[
croissement momentané dans le volume et dans la température de cette dernière. Ce phénomène, dont nous avons ét[
souvent le témoin, était non-seulement très-sensible, mai[
parfois assez incommode pour que les baigneurs fussent quel-
quefois obligés d'abandonner momentanément le bain, à caus[
de la quantité trop considérable de gaz produit. L'eau devien[
alors plus trouble, charriant du minerai, et sa températur[
s'élève au moins d'un degré. La poussée dure depuis quelques minutes jusqu'à un quart d'heure, reparaissant e[
moyenne toute les vingt-quatre à quarante-huit heures, mai[
plus spécialement aux approches ou au moment d'un orage[
Dans l'état actuel, ce phénomène, qui n'est plus incommode[
est aussi très-peu sensible. » Comme on le voit d'après l[
description qui précède, la poussée paraît un phénomèn[
analogue à celui des sources intermittentes, et dépend peut-
être des mêmes causes. Sa disparition actuelle pourrait s'ex-
pliquer par la pression qu'exerce sur la source le volume de[
gaz confiné dans le bassin d'attente.

La température de la source des bains de Lamalou-l'Ancien est de 34°, 2, et nous a paru constante à toutes les époques de l'année. Nos abservations se trouvent confirmées par celles de M. le docteur Privat, qui, en suivant depuis plusieurs années toutes les variations de la source, est arrivé aux mêmes résultats.

» Toutes les déterminations de température que nous venons d'indiquer ont été effectuées sur l'eau des piscines; mais il n'est pas douteux que l'eau ne soit plus chaude à son émergence. Une évaluation faite en 1850 au griffon même, par le docteur Privat, a donné une température de 37°. Ce nombre ne doit toutefois être accepté qu'avec quelques réserves, le thermomètre qui l'a fourni n'ayant été l'objet d'aucune vérification.

» La composition chimique de cette eau minérale est aussi invariable que sa température; plusieurs analyses, effectuées à diverses époques de l'année, ont, en effet, toujours donné des résultats identiques. Les nombres suivants expriment, d'après nos observations, la constitution chimique de cette source :

Résultats de l'analyse.		*Analyse calculée.*	
Pour 1 litre d'eau.		Pour 1 litre d'eau.	
Acide carbonique	1.5900	Bicarbonate de soude	0,7010
— sulfurique	0.0219	— de potasse	0,2165
— phosphorique	0.0015	— de lithine	traces,
— Arsenique	0,0002	— de chaux	0,7781
— chlorhydrique	0,0158	— de magnésie	0,2829
— Borique	traces.	— de fer	0,0102
Silice	0,0525	— de mangan	traces.
Potasse	0,1119	Chlorure de sodium	0,0255
Soude	0,3051	Sulfate de chaux	0,0360
Lithine	traces.	Phosphate de soude...ee	0,0032
Chaux	0,3179	Arséniate de soude	0,0004
Magnésie	0,0899	Borate de soude	traces.
Protoxyde de fer	0,0046	Sulfate de cuivre	traces.
— de manganèse	traces.	Silice	traces.
Oxyde de cuivre	traces.	Ac. crénique et apocr	traces
Acide crénique et apocr	traces.		2,1068
Oxygène	2cc,0	A. carb. libre	0,400 = 204cc
Azote	14cc,7	Oxygène	» 2,0
		Azote	» 14.7

» Malgré la constance de composition de cette source la

quantité d'acide carbonique libre est cependant sujette à quelques oscillations, d'ailleurs peu considérables. C'est ainsi que nous avons vu la proportion de ce gaz varier de 195^{cc} à 210^{cc}. Le nombre donné plus haut représente la moyenne de trois déterminations faites à diverses époques de l'année.

» M. Bérard a signalé la présence de l'arsenic dans les sédiments de cette source, et a pu en retrouver des traces dans l'eau elle-même.

» L'existence de l'arsenic dans les eaux de Lamalou est également confirmée par les observations de M. Chevalier, qui en a extrait des quantités notables des sédiments.

» La comparaison des diverses analyses qui ont été faites démontre la constance de composition de cette source, qui n'a pas subi de variations importantes dans un intervalle de dix années.

» *Études des sédiments.* — Nous avons déjà dit que la source de Lamalou-l'Ancien ne tarde pas à laisser déposér un sédiment ocracé qui apparaît en abondance dans tous les tuyaux de conduite, et principalement dans ceux où l'air a un accès facile. De plus, la même eau donne naissance à des concrétions très-dures, qui se forment rapidement et ne tardent pas à encroûter les tuyaux de conduite, en diminuant leur calibre intérieur. Ces concrétions diffèrent complétement par leur composition des sédiments dont nous venons de parler; et, bien que formées des mêmes principes constituants, elles les renferment en proportion complétement différente.

» C'est ainsi que les dépôts ocracés contiennent une quantité notable d'oxide de fer, tandis que les concrétions solides sont presque entièrement formées de carbonate calcaire et que l'oxyde de fer n'entre que pour quelques centièmes dans leur constitution. La composition quantitative des premiers est toutefois sujette à quelques variations, selon le degré d'altération de l'eau, et ils paraissent plus ferrugineux à mesure qu'on s'éloigne du griffon de la source. La quantité d'arsenic suit les mêmes variations que le fer, et se trouve plus considérable dans les boues que dans les concrétions; il en est de même pour la matière organique, qui existe probablement en combinaison avec le fer. Nous avons pu isoler cette matière organique, qui a présenté toutes les réactions que Berzélius assigne aux acides crénique et apocrénique; il a, de plus, été possible d'y démontrer la présence de l'azote,

» La manière dont se forme ces dépôts ne permet pas de déterminer à quel volume d'eau ils correspondent. Ceux que l'on peut obtenir artificiellement, en laissant de l'eau, pendant longtemps au contact de l'air, diffèrent notablement des dépôts naturels et peuvent varier selon la durée de la décomposition.

» La composition chimique des sédiments de cette source est extrêmement complexe et présente un si grand intérêt, à cause de la grande quantité d'éléments que l'on y trouve.

» Le tableau suivant indique comparativement la composition des sédiments boueux et des concrétions calcaires.

	Sédim. ocracés.	Concrét. solides.
Carbonate de chaux	80,90	95,17
— de magnésie	1,01	0,51
Phosphate de chaux	traces.	traces.
Sulfate de chaux	»	»
— de baryte — de strontiane	0,06	0,10
Silice	0,10	0,75
Arséniate de fer	0,05	0,04
Peroxyde de fer	10,00	1,52
— de manganèse	0,25	0,17
Oxyde de cuivre	0,05	0,09
— de cobalt — de nickel	traces.	traces.
— de plomb	»	traces ?
— de zinc	traces.	0,01
Acides crénique et apocrénique Matière organique azotée	7,45	1,42
Perte	0,13	0,40
	10,000	10,000

» Le trait le plus saillant de l'histoire chimique de ces sédiments est, sans contredit, la présence dans leur composition de substances indiquées comme rares dans les eaux minérales. Parmi ces substances, la plus importante est cer-

tainement le cuivre, dont la proportion est relativement fo[rt]
élevée.

» L'oxyde de cuivre forme, en effet, près d'un milième d[e]
la masse totale des concréations solides, et nous avons pu, [en]
opérant sur deux cents grammes de substance, isoler un[e]
quantité d'oxide de cuivre qui a produit quarante-cinq cen[-]
tigrammes de sulfate cristalisé. Il est inutile d'ajouter qu[e]
toutes les précautions ont été prises pour s'assurer que c[e]
métal n'avait pas été introduit accidentellement dans les sub[s-]
tances qui ont été examinées ; les sédiments et l'eau minéra[le]
qui ont fait l'objet de cette étude n'avaient pas subi [le]
moindre contact avec des tuyaux ni avec des robinets [en]
cuivre.

» Quant au cobalt et au nickel, on ne doit pas s'étonner d[e]
les rencontrer à côté du fer et du manganèse, qu'ils accom[-]
pagnent presque toujours dans la nature ; et, si ces métau[x]
ne sont pas indiqués plus souvent dans les analyses d'eau[x]
minérales, cela tient uniquement à ce qu'ils ne sont pas gén[é-]
ralement l'objet de recherches spéciales.

» La présente de la baryte et de la strontiane n'a pas lie[u]
de surprendre d'avantage, quoiqu'on puisse s'étonner de vo[ir]
ces subtances exister en dissolution à côté de sulfates soluble[s.]
L'insolubité des sulfates de baryte et de strontiane n'est pa[s,]
en effet, aussi absolue qu'on le croit généralement, et de plu[s]
elle peut être considérablement modifiée par les autres com[-]
binaisons salines et les matières organiques qui se trouve[nt]
en dissolution dans l'eau minérale.

» Nous avons indiqué plus haut les procédés analytique[s]
par lesquels neus avons pu constater l'existence des diver[s]
corps que nous venons d'énumérer ; nous ajouterons ici qu[e]
nous les avons tous caractérisés par des réactions trop nette[s]
pour que leur présence laisse le moindre doute dans notr[e]
esprit. Le plomb seul n'a pu être déterminé avec une certitud[e]
absolue, et nous n'oserions conclure d'une manière positiv[e]
en ce qui concerne ce métal.

» II. Petite Source. — Dans la cour de l'établissement
ermal de Lamalou-l'Ancien, à quelques mètres de la source
incipale que nous venons de décrire, jaillit un filet d'eau
inéral qui a longtemps été considéré comme ayant une ori-
ne distincte, mais qui n'est, en réalité, qu'une dérivation
u griffon principal. Cette petite source, connue aussi sous
 nom de Source Stoline, Buvette de l'Établissement, ne sert
us actuellement que comme buvette.

» Ses propriétés physiques ressemblent en tout point à
elles de la grande source que nous venons d'étudier. L'impide
u petite masse, l'eau de cette buvette paraît trouble et jau-
âtre, si on l'examine sous un volume un peu considérable ;
vrée au contact de l'air, elle ne tarde pas à laisser déposer
n sédiment ocreux, en abandonnant un grand nombre de
ulles gazeuses ; son goût est fade et styptique. On remarque
utefois dans la température de la petite source, un abaisse-
ent appréciable, qui doit être attribué au refroidissement
u'elle subit dans les conduits naturels qu'elle parcourt, et
irtout l'imperfection de son aménagement.

» Par les résultats des analyses que nous avons faites de
ette eau minérale, il est facile de se convaincre, en les com-
arant aux précédentes, de l'idendité de composition qui
xiste entre la buvette qui nous occupe et la source décrite
us haut :

» Comme contrôle de l'analyse, nous avons obtenus les ré-
ultats suivant pour le poids des sels neutres à celui du résidu
xe laissé par l'évaporation de l'eau :

       Poids du résidu fixe................ 1.4950
       Poids des sels neutres calculé....... 1 4567

» Comme on le voit, l'identité de composition entre la grande
 la petite source de Lamalou-l'Ancien est aussi complète que
ossible ; il n'y a de différences que pour la quantité d'acide
arbonique, qui paraît ue peu plus élevée pour la seconde que
our la première. Deux déterminations de cet élément ont

donné des nombres présentant entre eux de légères vari:
tions, mais toujours plus élevés que le nombre corresponda
à la grande source. Cette différence, qui, d'ailleurs, est sai
importance, ne saurait, à notre avis, être expliquée par
température un peu plus basse de la buvette car cette temp
rature doit être initialement la même, et la différence tie
évidement à un refroidissement de la première et non à u
réchauffement de la seconde. Nous trouvons, au contrair
une explication toute simple dans l'aménagement des deu
sources et dans la présence du bassin d'attente; l'eau de
buvette, en effet, arrive directement du griffon et ne s'est p:
trouvée, dans son trajet, exposée à des causes qui aient |
lui faire perdre une quantité notable de son acide carb
nique.

» Cette source n'a été l'objet d'aucune analyse antérieure
la nôtre; nous ne l'avons nous-même étudiée qu'a une époqu
de l'année; mais il n'est pas douteux qu'elle ne soit aussi fi:
dans sa composition que la grande source d'où elle dériv

» III. Source Cardinal. — On désigne sous le nom de Sour·
Cardinal un petit filet qui coule en dehors de l'établisseme:
de Lamalou, et que l'on a découvert en 1852, en creusant l
fondations de l'escalier de la chapelle. Cette petite sour
n'est aujourd'hui d'aucune utilité et n'a pas reçu d'applic:
tions importantes; son volume, peu considérable et soumis
de nombreuses variations, ne saurait suffire à alimenter I
bains; ce n'est donc que comme buvette qu'elle est quelqu
fois employée.

» L'eau de cette source est limpide et abandonne au co:
tact de l'air, comme les précédentes, un sédiment boueu
en laissant dégager des bulles gazeuses. Sa température e
plus basse que celle des deux sources que nous venons de d
crire, et varie entre 30° et 31°. Ces variations dans la temp
rature semblent annoncer que l'eau parcourt un trajet ass
long, à une petite profondeur au-dessous du sol, et subit ain
les influences atmosphériques.

» L'étude de la composition chimique vient appuyer cette hypothèse, en montrant une identité complète entre la composition de cette source et celle des précédentes.

» La comparaison du poids des sels neutres à celui du résidu fixe laissé par l'évaporation de l'eau, donne les résultats suivants :

Poids du résidu fixe............ 1,5027
Poids des sels neutres calculé.... 1,5349

» Nous ne connaissons, relativement à cette source, aucune analyse antérieure à celle qui vient d'être exposée.

» Il suffit de comparer entre eux les résultats qui précèdent pour se convaincre de l'identité complète qui existe entre les trois sources de Lamalou-l'Ancien. Il serait à désirer que l'on exécutât sur le griffon principal quelques travaux de captage bien dirigés, dans le but de réunir à la source mère les petits filets qui se perdent sans utilité ; nous pensons qu'on parviendrait facilement ainsi à augmenter considérablement le débit de cette source, et l'on conçoit quels seraient les avantages d'une pareille amélioration, dans une station thermale qui a déjà pris rang parmi les plus utiles et les plus importantes.

Depuis l'époque à laquelle la première étude de M. Moitessier a été publiée, de nombreux et importants travaux de captage ont été entrepris à Lamalou-l'Ancien sous la direction de l'habile inspecteur-général des mines qui a fait la prospérité de presque tous les grands établissements thermaux de France.

Ces travaux ont réussi au-delà de toute espérance, et une quantité considérable d'eaux nouvelles est venue apporter à Lamalou-l'Ancien un contigent énorme qui assure le développement immédiat de cette station thermale.

Cinq sources nouvelles principales ont été captées dans une galerie souterraine de 120 mètres de longueur. Ces eaux, prises au griffon, possèdent une thermalité de 34 à 49 1/2 degrés centigrades.

L'eau de ces sources nouvelles a été soumise également à l'examen de M. le professeur Moitessier, et voici le nouveau résultat de ses recherches :

Analyse des nouvelles sources dites de l'Usclade,
à Lamalou-l'Ancien.

Acide carbonique libre......................	0,350 cc
Bicarbonate de soude......................	0,734
— de potasse....................	0,240
— de lithine....................	traces.
— de chaux....................	0,791
— de magnésie....................	0,183
— de fer....................	0,019
— de manganèse....................	traces.
Chlorure de sodium......................	0,025
Sulfate de chaux......................	0,041
Phosphate de soude......................	0,003
Arseniate de soude......................	0,0004
Borate de soude......................	traces.
Sulfate du cuivre......................	traces.
Silice......................	0,090
Acides crenique et apocrenique...........	traces.
	2,1264

Ces sources contiennent en outre des traces de cœsium, de rhubidium, de strontiane et de baryte, qui ont pu être décelées par la méthode de MM. Kirchoff et Bunsen. »

Depuis que la découverte de MM. Kirschoff et Bunsen a permis aux chimistes l'emploi de nouveaux modes d'investigation, M. le professeur Moitessier a utilisé le spectroscope pour faire un nouvel examen des eaux de l'Amalou-l'Ancien en 1864.

Cent litres de cette eau ont été réduits à un petit volume, et le dépôt ocracé formé pendant l'évaporation a été séparé des eaux-mères. Celles-ci ont été consacrées à la recherche des métaux alcalins après l'élimination de la magnésie au moyen de la baryte caustique. L'addition d'un excès de bichlorure de platine a déterminé la formation d'un abondant précipité de chloroplatinates, qui a été traité d'après les méthodes décrites plus haut pour la recherche du cæsium et du rubidium. On a pu constater d'une manière évidente la présence du premier de ces métaux, et un peu moins nettement celle du second; mais leurs réactions ne commencent à être sensibles qu'après l'épuisement presque complet des chloroplatinates par de nombreux lavages. Le cæsium et le rubidium n'existent donc qu'en très-faible quantité dans les eaux de Lamalou.

Le lithium, au contraire, s'y trouve en quantité relativement considérable; quelques centimètres cubes d'eau suffisent, en effet, pour démontrer sa présence de la manière la plus nette.

L'examen direct du dépôt ocracé séparé pendant l'évaporation a permis de constater très-nettement, après réduction des sulfates, la présence de la strontiane. Ce même résidu, soumis au traitement méthodique qui a été décrit précédemment pour la recherche des bases terreuses en présence de la silice, a donné, en outre, d'une manière assez sensible, les réactions de la baryte.

On a examiné, en suivant une marche identique, 35 litres d'eau provenant d'un griffon voisin récemment découvert et de même composition. Les résultats obtenus ont été complétement semblables aux précédents.

Les expérimentateurs ont mis à profit la grande quantité d'eau sur laquelle ils opéraient pour rechercher le cobalt et le nikel dont la présence avait été indiquée dans les concrétions; ils ont pu s'assurer ainsi que cette source contient ces deux métaux. Par l'application d'un traitement méthodique, ils ont également pu se convaincre que la lithine s'y trouve en quantité dosable.

Voici en résumé les chiffres de la dernière analyse de M. le professeur Moitessier.

Pour 1 litre d'eau.

	Pour 1 litre d'eau.
Bicarbonate de soude......................	0,6948 cc
— de potasse.......................	0,2168
— de lithine)	
— de cœsium }	traces.
— de ribidium)	
— de chaux........................	0,7776
— de magnésie.....................	0,2766
— de strontiane)	
— de baryte }	traces.
— de fer	0,0102
— de manganèse....................	traces.
Chlorure de sodium.....................	0,0262
Sulfate de chaux.......................	0,0374
Phosphate de soude.....................	0,0075
Arseniate de soude.....................	0,0004
Borate de soude)	
Sulfate de cuivre }	traces.
Silice...............................	0,0460
Acides crinique et apocrinique.............	traces.
	2,0934
Acide carbonique libre..................	395 cc 0
Oxigène	2 0
Azote.............................	14 7

Des sondages artésiens faits dans le vallon de Lamalou depuis 20 ou 25 ans ont permis d'établir deux autres établissements thermaux dont les eaux ont été également analysées par M. le professeur Moitessier, le résultat général des investigations a été celui-ci :

Quant à Lamalou-l'Ancien chaque litre d'eau produit 2,094 de minéralisation.

La même quantité d'eau à Lamalou dit le haut n'en produit que 1,5606 et seulement 1,4628 à Lamalou le centre.

Quant à la question de température des eaux :

A Lamalou si l'on trouve 32 à 33 degrés à la source ancienne, les nouveaux filons donnent 35 à 36 pour les bains de piscines de natation et 49 degrés pour les douches.

A Lamalou le haut 27 à 29,50 pour les bains et 28 pour les douches.

A Lamalou le centre 20 degrés, mais la température peut être élevée au moyen d'un appareil de chauffage.

Dans une note présentée à l'Académie des sciences, M. J. François, inspecteur général des mines, a rendu compte des observations qu'il avait pu faire au point de vue géologique, lors des travaux entrepris à Lamalou-l'Ancien. Nous lui laissons la parole, car nous ne pourrions aussi clairement que lui exposer les faits d'un si grand intérêt scientifique, qu'il a constatés par lui-même :

« Les nombreux filons de quartz, plus ou moins métallifère que l'on trouve à Lamalou, forment différents systèmes, et recoupent, suivant plusieurs directions, le terrain de keuper et les schistes siluriens. On observe notamment les directions N. 80° O. et S. 14° O. Les filons qui se rapportent à la première de ces deux directions paraissent être les plus anciens ; ils sont plus métallifères, leur quartz est plus compacte. Les filons de la seconde direction paraissent plus récents ; ils sont plus particulièrement liés de position aux eaux minérales ; ils sont généralement moins riches en plomb et en cuivre sulfurés, et plus chargés de pyrite de fer arsenicale. Leur quartz est souvent recouvert et pénétré de cristaux de sulfate de baryte. Plusieurs filons sont recouverts à leur couronnement de travertins siliceux et ferrugineux qui surmontent le toit de fer, percent les schistes et les marnes irrisées sur lesquelles ils s'épandent. La position de ces travertins, leur structure et leur composition témoignent qu'ils procèdent de sources minérales ayant surgi aux sallebandes des filons. Ces faits s'observent surtout au pied du coteau d'Usclade, derrière les bains de Lamalau-l'Ancien, à la limite des schistes, sur les points où ils sont recouverts par les marnes keupriques.

» Dans ces derniers temps, une tranchée à ciel ouvert y ayant été pratiquée au voisinage de filons anciens, sur des suintements d'eau minérale et dans un schiste talqueux pourri, on ne tarda pas à mettre à nu des griffons abondants (31, 34 et jusqu'au 38° 1/2 centigrades) d'eau très-chargée de gaz acide carbonique. L'aspect des lieux traversés indiquait, de la part des eaux minérales, une action énergique sur la roche schisteuse. Cette dernière, successivement altérée, divisée, puis détrempée, était en plusieurs points, notamment sur le prolongement de filons et sur les lignes de retrait, corrodée et entraînée. Ces actions successives y avaient donné naissance à des cavités allongées, en chapelet, que j'ai trouvée en voie de remplissage actuel par les eaux minérales.

» L'état et l'aspect des lieux ne permettent pas de se tromper quant au fait de remplissage des cavités de la roche (nids, poches et fentes) par les eaux minérales. M. A. Moitessier, professeur à la Faculté de Monpellier, à qui je le signalai, reconnut que l'on ne pouvait mieux saisir la nature sur le fait. Les matières de remplissage déposées par les eaux se composent d'une association irrégulière plus ou moins compacte et serrée, selon le degré d'ancienneté, de cristaux de baryte sulfatée (peut-être strontianienne), de quartz cristallise, de quartz amorphe, de pyrite de fer et de mouches de cuivre, qui sont évidemment en voie de formation.

» Cette association rappelle d'une manière exacte la composition et la structure de la pâte, ou matière de remplissage de filons anciens du voisinage. Ce rapprochement m'a paru attribué au fait de remplissage actuel de poches et de fentes plus ou moins modernes de la roche schisteuse, une importance scientifique incontestable; je me suis empressé de soumettre à l'examen éclairé et spécial de M. Élie de Beaumont les échantillons que j'ai pris moi-même sur les lieux et en place, avec le concours de M. Moitessier. »

Les faits avancés ont effectivement semblé à l'Académie des sciences dignes du plus grand intérêt; aussi une Commission a-t-elle été nommée à l'effet d'examiner ces échantillons de baryte strontianifère excessivement riches et rares qui on t été déposés sur le bureau de l'Académie.

Cette Commission est composée de MM. de Senarmont, Sainte-Claire Deville et Daubrée.

Les échantillons de baryte strontianifère de Lamalou-l'Ancien sont très-recherchés. On en a fait demander pour plusieurs cabinets de minéralogie. Nos échantillons ont figuré avec honneur à l'Exposition universelle de Londres.

EFFETS THÉRAPEUTIQUES.

Bains. — Douches. — Buvettes.

OBSERVATIONS.

Nous laissons d'abord la parole à M. le professeur Dupré, qui a apprécié dans les termes suivants l'action des eaux de Lamalou-l'Ancien prises en bains :

« Ces eaux impriment un orgasme particulier à tout le système capillaire sanguin, et surtout, à la circulation abdominale, des modifications avantageuses; elles provoquent le molimen hémorroïdaire et utérin : de telle sorte que, sous leur influence, les hémorroïdes ou les règles supprimés reparaissent souvent. Il est facile de comprendre l'immense service qu'une pareille puissance peut rendre dans toutes les maladies qui dépendent de l'engorgement du système veineux de la veine-porte ou de l'utérus.

» Sous l'influence de leur vertu tonique, on voit certains flux muqueux, des leuchorées opiniâtres avec faiblesse générale et dépérissement, se supprimer.

» Elles calment l'éréthisme essentiel sans complication, diminuent les maladies qu'il tient sous sa dépendance, et guérissent souvent les affections nerveuses les plus graves lorsqu'elles ne sont pas idiophatiques et qu'elles dépendent seulement de causes générales de faiblesses ou de vicieuses directions des forces agissantes. »

Le même professeur a employé avec succès les douches dans certaines tumeurs articulaires, résultant d'une affection rhumatique ou goutteuse antécédente; dans les sciatiques, dans certaines paralysies; elles ont produit sous ses yeux des effets merveilleux dans quelques névroses très-graves.

Pendant l'exercice de son inspection médicale à Lamalou-l'Ancien, vers 1842, M. le professeur Dupré a constaté des guérisons ou des soulagements importants qui ont eu lieu dans les cas suivants :

Rhumatisme articulaire chronique, — rhumatisme lombaire et articulaire, — rhumatisme goutteux, — hémiplégie sans apoplexie préalable, paralysie commençante hémiplégie à la suite d'une apoplexie, — affection paralytodée des membres supérieurs et inférieurs avec amaigrissement, — anesthésie épidermique à la suite de l'usage de l'iode, — épilepsie essentielle, — catalepsie délirante, — danse de Saint-Guy, — tic douloureux, — gastralgie très-intense, — névralgic abdominale intermittente. — suppression de l'écoulement menstruel, — hypocondrie, — écoulement gonorroïque opiniâtre.

M. Dupré a vu également les eaux de l'Amalou-l'Ancien réussir dans toutes les maladies qui viennent à la suite des couches : Les écoulements opiniâtres, les douleurs utérines, les délabrements des organes digestifs, les palpitations, les états de faiblesse générale, etc.

M. le docteur Cardinal, aujourd'hui inspecteur des eaux de Cauterets et dont la notoriété scientifique et médicale est très-appréciée, a pu également constater, pendant les cinq années de son inspection à Lamalou, des résultats assez heureux, puisque chaque année encore il nous envoie de nombreux baigneurs.

Enfin, M. le docteur Privat, qui depuis vingt-cinq ans est

investi de l'inspection médicale, a, lui aussi, publié, en 1858, le résultat de ses observations sur la valeur thérapeutique des eaux de Lamalou-l'Ancien :

« Bien que le nombre de nos baigneurs atteints d'affection rhumatismale caractérisée soit assez considérable[1], on nous dispensera de citer des observations de guérison de rhumatisme, soit articulaire, soit musculaire ou même universel, mais régulier.

» A quelques cas d'affection rhumatismale *irrégulière*, avec ou sans paralysie, nous ajouterons quelques exemples d'une affection qu'on croirait être de nature goutteuse ou rhumatico-goutteuse, affection qui nous a semblé se produire chez la femme nouvellement accouchée.

» Nous placerons à la suite quelques cas de goutte simple ou rhumatismale, non point pour prouver que cette affection est susceptible de guérir à nos thermes, mais pour dire qu'il résulte de l'expérience journalière que plusieurs goutteux venant annuellement, *à l'époque la plus éloignée possible de leurs accès*, faire une ou deux petites saisons de bains et de boisson de l'eau de la Petite-Source ou de La Vernière, attribuent à ce traitement le soulagement qu'ils éprouvent, et plus d'une fois même la cessation de leurs accès.

» Nous rapporterons ensuite quelques exemples de névropathie générale, de névroses spéciales et de quelques névralgies ; nous aborderons enfin la paralysie, et plus spécialement la paraplégie, pour le traitement de laquelle nos eaux ont acquis depuis ces dernières années une certaine réputation de spécialité,

» Nous terminerons l'exposé de nos observations, en citant quelques exemples de chloro-anémie, soit essentielle, soit symptomatique, soit compliquée d'un état nerveux,

» On voudra bien nous dispenser de parler en détail des hypocondriaques et des hystériques, de ces êtres plus ou

---

1. *Notice médicale sur Lamalou-les-Bains*, par M. le docteur J.-L. Privat, médecin-inspecteur. Paris, chez Baillière.

moins malades, soit d'esprit, soit de corps, qui, la loupe à la main, ne s'occupent que de leur santé, et dont les médecins des eaux connaissent assez les mœurs et les coutumes.

» Voici un tableau général indiquant sommairement les maladies traitées [1] à Lamalou-l'Ancien, depuis 1850 jusqu'à 1857 inclusivement. C'est la récapitulation pure et simple des tableaux de ce genre, consignés dans nos rapports annuels depuis l'époque indiquée.

DÉSIGNATION DES MALADIES	NOMBRE des malades	GUÉRIS	SOULAGÉS	Dans le même état ou sans nouvelles.
Affections rhumatismales diverses (rhumatisme articulaire, musculaire, viscéralgies rhumatismales..........	1,664	913	482	269
Névralgies diverses (générales, partielles, viscéralgies)..............	534	197	163	174
Névropathies (et névroses, avec ou sans paralysie).....................	454	102	137	215
Paralysies générales (avec symptômes de ramollissement cérébral)........	13	»	4	9
Paralysies partielles.................	18	3	5	10
Hémiplégies (par apoplexie et diathésiques)......................	32	4	13	15
Paraplégies traumatiques...........	7	3	2	2
— diathésiques (rhumatismale vénériennes)...................	108	38	43	27
Paraplégies nerveuses (sans matière)..	177	49	58	70
— et sur ce nombre........				
Paraplégies par chloro-anémie.......	42	14	18	12
— par épuisements, abus, excès.....................	39	7	10	22
Anémie, chlorose, aménorrhée, dysménorrhée....................	238	173	38	25
Maladies diverses, suite de fractures, arthrite scrofuleuse, hydarthrose, coliques néphrétiques, hépathiques, catarrhe vésical, spermatorrhée.....	153	7	43	39

A la suite de ce résumé, M. le docteur Privat a recueilli

1. Il ne peut être question que des malades qui *ont consulté* le médecin inspecteur.

une série d'observations les plus intéressantes. Le cadre de cet ouvrage ne nous permet pas de les reproduire, mais le tableau que nous empruntons au recueil de M. Privat donnera à nos lecteurs non médecins une indication suffisante.

En résumé : *L'usage approprié des eaux de Lamalou-l'Ancien ne produit généralement ni accident, ni aggravations, parce qu'on n'y traite que des malades qui peuvent y trouver guérison ou soulagement.*

Ces eaux sont appliquées, surtout, dans le traitement des affections suivantes :

Le Rhumatisme et ses manifestations multiples et diverses y compris le Rhumatisme *noueux*, ou l'arthrite sèche ; les divers Engorgements et Épanchements articulaires ; la Névralgie, la plupart des Névropathies sans ou avec paralysie ; diverses Névroses et paraplégies ; l'Ataxie locomotrice ; l'Atrophie musculaire partielle ; la Rachialgie, sans ou avec troubles génito-urinaires ; la Spermatorrhée ; l'albuminerie, avec symptômes d'hydropisie ; le Catharrhe vésical ; l'Aménorrhée ; la Dysménorrhée ; les engorgements utérins chroniques, et surtout la Chlorose, l'anémie et leurs accidents consécutifs.

L'installation à Lamalou-l'Ancien d'appareils de douches plus complets, l'élévation facultative de la température des bains, par la découverte des griffons d'eau minérale dont quelques-uns atteignent une température de 50 degrés, l'ouverture d'une étuve, dans la galerie d'émergeance des sources, la constatation dans les eaux de la présence de l'arsenic, du cuivre, de la strontiane, de la baryte, ouvrent à l'avenir thérapeutique de ces thermes un horizon tout nouveau et dont il est impossible aujourd'hui d'indiquer les limites ; enfin, la possibilité de la cure au raisin (pendant la saison) donnent à ce vieil établissement, restauré de fond en comble, une position qui lui assure une des premières places parmi les stations thermales du Midi.

ÉTABLISSEMENT NOUVEAU

La propriété de l'établissement thermal de Lamalou-l'Ancien a changé de mains en 1861, sans pour cela que le nom du propriétaire soit différent. A la mort de Mlle Stoline Cère, qui, pendant plus de trente ans, avec l'aide de son père, avait géré l'établissement thermal et avait su en augmenter la clientèle et l'importance, son cousin, M. Paul Cère, ancien préfet de Lot-et-Garonne, ancien chef de bureau au ministère de l'intérieur, est devenu le propriétaire d'un établissement qui, depuis quatre-vingts ans, n'a jamais cessé d'être en partie ou en totalité la propriété de sa famille.

Sa première pensée, en prenant possession des bains de Lamalou, fut de donner suite aux projets d'amélioration conçus par sa cousine et dont des circonstances particulières avaient seules retardé l'exécution.

L'inconvénient le plus grave signalé depuis longtemps à Lamalou-l'Ancien, c'était le mode de captage défectueux des eaux minérales, captage fait il y a plus de cinquante ans, et laissant trop souvent en affront, au moment de la grande affluence du public, tout le service balnéaire.

C'était donc du côté de l'eau et des sources qu'il fallait diriger les premiers efforts.

Au lieu de s'adresser à des empiriques ou à des ignorants, le nouveau propriétaire de Lamalou-l'Ancien crut ne pouvoir mieux faire que de recourir aux lumières et à l'expérience de l'ingénieur, auquel les plus grands établissements thermaux de France doivent, en grande partie, les magnifiques travaux qui font leur célébrité et leur succès.

C'est donc d'après ses conseils qu'un travail de recherche a été entrepris, et on peut dire, dès aujourd'hui, que les résultats ont dépassé toutes les espérances.

De nouveaux griffons d'eaux minérales ont été mis à découvert, des eaux abondantes ont été trouvées, l'acide carbonique libre, qui constitué un des agents actifs de nos eaux minérales, a pu être capté, la température de ces divers griffons permettra de spécialiser l'usage de chacun isolément, puisque Lamalou-l'Ancien possède aujourd'hui des eaux à 50° centigrades.

Nous ne pensons pas qu'aucune autre eau ferrugineuse soit en France, soit à l'étranger, atteigne une température aussi élevée.

Toutes ces eaux et le gaz captés, aménagés par des procédés beaucoup plus complets que ceux qu'on employait précédemment ont permis de réparer complément à neuf l'établissement thermal.

Une seule piscine pour les hommes, une seule pour les femmes, servaient autrefois pour tous les baigneurs; deux nouvelles piscines sont ouvertes, plus petites mais plus commodes et plus confortablement installées que les anciennes ; elles-mêmes sont réparées ; on leur reprochait leur obscurité, elles sont suffisamment éclairées aujourd'hui pour que le baigneur puisse lire en prenant son bain.

Enfin, deux piscines de natation pouvant contenir chacune 40 malades ont été construites, ce qui fait que dans le même temps 150 personnes peuvent se baigner à Lamalou-l'Ancien, au total 1,000 ou 1,500 par jour.

A ceux auxquels le bain en piscine répugne, on peut offrir des cabinets avec baignoires dans lesquels des douches Tivoli sont établies.

Les appareils de douche spéciale et générale ont été complément renouvelés et organisés sur le modèle de ceux qui passent pour être les mieux perfectionnés.

La pression des nouvelles douches est déterminée par la chute naturelle des sept mètres qui constituent la différence du niveau entre le réservoir et le point où la douche est donnée. La température des douches peut être facultativement portée à une température de 35 à 48°.

Quelques malades ne pouvant supporter le contact de l'eau, on peut les recevoir dans la galerie d'émergeance des sources nouvelles.

Les buvettes établies dans l'Établissement même et à ses abords permettent aux malades les plus impotents d'aller prendre eux-mêmes, à la source, l'eau minérale dont la boisson leur est prescrite.

Enfin, pendant la saison, les cures au raisin y sont également très-faciles ; le domaine de Lamalou comprend 2 hectares de vignes, dont les fruits sont mis à la disposition de ceux des malades auxquels ils sont ordonnés.

Parmi les moyens nouveaux de médication que la science a employé dans ces dernières années, figurent, dans de bonnes conditions, les salles d'inhalation et les étuves.

Les baigneurs peuvent encore emprunter aux sources de Lamalou ces deux moyens curatifs. La galerie souterraine sous laquelle les gaz et les eaux minérales sont conduits à l'Établissement thermal peut parfaitement bien servir de salle d'inhalation et d'étuve. Quelques essais ont été faits pour expérimenter l'utilité pratique de ces nouveaux moyens, et le succès a répandu aux espérances conçues, le cercle de nos services se trouve donc très-largement agrandi.

Nous avons, dans des précédents chapitres, démontré, par des tableaux d'observations recueillies, que la température de Lamalou était généralement douce, que les grands froids y étaient inconnus ; de plus, la disposition des localités le permettant, puisqu'on peut se rendre à couvert des chambres aux salles de bain, l'idée devait venir de tenir l'Établissement ouvert pendant toute l'année. Cette idée a été mise à exécution depuis le mois de novembre 1861, et, malgré les travaux de tous genres entrepris dans la maison pendant l'hiver, les baigneurs ne se sont pas effrayés, et les piscines n'ont cessé de recevoir des baigneurs et des baigneuses. Les travaux de grosse réparation étant achevés et les appartements étant organisés à l'avance en vue des froids, on est en mesure de donner l'hospitalité pendant l'hiver à une cinquantaine de malades.

Nous venons de retracer le tableau nullement exagéré de ce qui a été fait pour l'Établissement thermal; il convient de dire que des travaux d'amélioration matérielle ont été en même temps faits dans l'hôtel. Les galeries ont été asphaltées, les appartements ont subi une réparation, des salons nouveaux sont ouverts.

Ces améliorations seront suivies par d'autres, car le but du propriétaire actuel de Lamalou-l'Ancien est très-nettement déterminé : il veut que l'établissement soit, avant quelques années, à la hauteur des services qu'il doit être appelé à rendre.

Les bienfaits des eaux de Lamalou-l'Ancien ont été de plus en plus appréciés par les médecins et par les malades, la statistique le prouve amplement.

En 1860, l'établissemeut avait donné 13,000 bains.

Ce nombre était déjà de 16,626 en 1865.

Il s'élevait à 21,427 en 1867 ; pour atteindre le chiffre de 27,682 en 1873, enfin le total de 28,119 a été celui des bains pris en 1874.

Il convient d'ajouter à cette statistique les quantités de bains offerts gratuitement aux indigents malades, car l'hos - pitalité est donnée à Lamalou-l'Ancien dans de vastes proportions; en 1874, 1,936 billets gratuits ont été délivrés pendant la saison.

SÉJOUR A LAMALOU

Il faudrait pousser aux dernières limites l'amour de l'exagération et de l'hyperbole pour avancer qu'on peu trouver dans le hameau de Lamalou les superfluités de luxe et de plaisir que fournissent aux baigneurs Vichy, Spa, Bade, Luchon, etc. On ne vient pas précisément à Lamalou pour s'y amuser; nos eaux sont des eaux sérieuses; nous y recevons généralement des malades et non des gens de plaisir.

Les baigneurs, pendant leur séjour à Lamalou, doivent visiter la galerie des sources, cette galerie ouverte au public tous les jours est l'attrait le plus digne d'attention.

L'émergeance des eaux minérales au milieu des filons de quartz métallifère, la température qui sur certains griffons atteint 50 degrés; c'est le seul établissement qui puisse offrir aux visiteurs et aux savants un pareil spectacle.

L'établissement de Lamalou-l'Ancien est relié de plein pied à deux galeries parallèles qui constituent un assez vaste hôtel, dans lequel peuvent se loger aisément 250 personnes.

Le service religieux est exactement fait par un aumônier, qui vient dire la messe dans la chapelle de l'établissement deux fois par semaine.

Un temple est également ouvert au culte réformé; il est desservi par MM. les pasteurs du consistoire de Bédarieux.

Autour de l'établissement et de l'hôtel sont groupés un salon de conversation, qui, dans la soirée, devient une salle de bal; des salles de billard pour les joueurs, un cabinet de lecture, un parc nouvellement planté, un parterre orné des plus jolies fleurs de jardin, un square pour la promenade des malades, un café.

Un casino, en création, offrira dès 1876 aux malades une série de distractions et de plaisirs.

Pour les fortunes moins aisées, pour ceux qui sont obligés de compter un peu plus avec la dépense, une quinzaine de maisons particulières et d'hôtels de second et de troisième ordre sont toujours ouverts ; en somme, plus de quinze cents personnes peuvent à la fois recevoir l'hospitalité dans le hameau qui entoure l'établissement thermal de Lamalou-l'Ancien.

Le Tarif des Bains, des Douches, des Étuves, Linge,
est ainsi fixé.

1 Bain de Piscine de Natation.   **1** fr. **25** c.
1 Bain de Piscine réservée....   **1** fr. **75** c.
1 Bain de Piscine de Famille..   **10** fr.   **»**
    (Quatre personne peuvent se
    baigner simultanément.)
1 Douche...................   **1** fr. **50** c.
1 Bain d'Étuve.............   **1** fr. **25** c.
1 Bain de Baignoire.........   **3** fr.   »

La Buvette à la Source Cardinal.

Abonnement de saison........   **3** fr.   »
Par Jour....................   **0** fr. **15** c.
Par Verre...................   **0** fr. **10** c.
Par Bouteille...............   **0** fr. **20** c.

Le Linge de Bains. — **25** *c. par Bain. —* **3** *fr. pcur la saison.*

Plusieurs promenades voisines sont de préférence adoptées par les baigneurs.

Les plus malades se promènent dans le square de l'établissement, dans les parterres.

Les plus ingambes trouvent dans le parc une avenue de marroniers qui les conduit à la buvette de Capus, dont la réputation est notoire; une autre promenade, par la route déparmentale et en traversant la rivière d'Orb, conduit à la foutaine ombragée de la Vernière.

Pour les promeneurs plus intrépides, d'autres excursiont sont partilièrement indiqués : les principales visites sont faites à la cascade de Colombières, certainement beaucoup plus belle que celle du bois de Boulogne; au vieux château se à la Tour de Colombières, au charmant vallon d'Olargues. Pour ceux qui ne craignent pas les ascensions : on peut monter au hameau de Villecelle, village qui mérite une visite pour son cachet original. On peut également aller visiter le vieil ermite hospitalier auquel est confiée la garde de la chapelle de Notre-Dame de Capimont.

Le Poüjol, commune voisine des bains, posséde une distillerie, deux filatures de soie, dont les patrons, MM. Millaud et Cavallier, accueillent et renseignent avec une complaisance parfaite les visiteurs nombreux qui viennent examiner leurs curieux ateliers.

Les mines de Graissessac sont seulement à une heure et demie de Lamalou; on sait que ces mines constituent un des bassins houilliers les plus riches de toute la France; la houille y est d'excellente qualité : elle est employée surtout par la marine de l'État.

L'exploitation de Graissessac est faite d'une façon très-simple : il n'y a pas de puits, l'extraction se fait par des galeries ouvertes dans la montagne, et, sans autre transport, le charbon tombe du chien du mineur charbonnier dans le wagon de chemin de fer, qui le transporte dans tout le midi.

Les mines de Graissessac sont appelées à un développement considérable.

La petite ville de Saint-Gervais, chef-lieu du canton dont dépend Lamalou, est aussi d'un aspect très-original; ses environs méritent d'être vus; les mines de houille de la Gineste, les gisements de minerais, de cuivre, de fer, de plomb argentifère, méritent également d'être visités par les amateurs de géologie et de minéralogie.

Le petit village de Villemagne, situé sur les bords de la rivière de Mare, a été autrefois une ville fortifiée importante; les gouverneurs du Languedoc y avaient leur hôtel de monnaie; on y voit encore des vestiges assez curieux de splendeur passée, les restes d'un couvent de Bénédictins, les vieilles murailles d'une église. On y trouve d'anciennes galeries de mines abandonnées : c'était à Villemagne même qu'on extrayait, des minerais de plomb argentifère, l'argent qui servait à la fabrication des monnaies.

La ville de Bédarieux, à 7 kilométres, est encore le but d'une promenade fort intéressante; on peut y suivre dans tous ses détails la fabrication du drap; les filatures de laine, les ateliers de tissage, de foulon, de teinturerie, sont accessibles aux visiteurs, et presque tous les fabricants se font un plaisir de les initier aux travaux de leurs établissements.

Pour les amateurs d'architecture, la visite de Bédarieux présente un intérêt assez vif. Le viaduc qui traverse l'Orb, au moyen de trente-quatre arches pour le chemin de fer de Graissessac à Béziers, constitue un travail digne de remarque.

Les personnes qui ne craignent pas les courses dans les montagnes peuvent entreprendre l'ascension du mont Carroux. Une journée entière est nécessaire pour ce voyage, qui ne peut être fait qu'à pied ou à dos de monture.

On jouit du haut de cette montagne d'un des plus jolis points de vue qu'il soit possible d'admirer : on aperçoit toute la plaine du bas Languedoc, la mer, les Pyrénées.

Avec une longue-vue, on peut distinguer parfaitement bien : Béziers, Narbonne, Carcassonne, les vastes étangs qui se trouvent entre ces villes, Montpellier et Nîmes, et enfin, à l'est le mont Ventoux, qui est l'un des premiers chaînons des Alpes.

Pour les promeneurs qui préfèrent les courses en voiture, on peut aller visiter la base du mont Carroux, à Colombières, dont nous avons déjà parlé, et suivre jusqu'à Olargues le charmant vallon de l'Orb, qui fournit presque tous les fruits de primeur qui se consomment à Bédarieux et à St-Pons.

La température d'Olargues est délicieuse; la petite ville, placée sur une crête de montagne, possède un cachet tout original ; la Jaur est traversée sur un pont d'une forme et d'une hardiesse remarquables. Ce pont, bâti depuis plusieurs siècles, a résisté aux inondations les plus terribles, même à celle qui, en 1861, a désolé toute la contrée, d'Olargue à St-Pons.

A quelques lieues d'Olargues et dans le même canton, à Roquebrun, les orangers viennent en pleine terre et leurs fruits arrivent à maturité.

Les buvettes jouent un grand rôle dans la vie du baigneur; la station de Lamalou-l'Ancien en possède plusieurs, qui jouissent d'une certaine notoriété.

Au pied de la chapelle coule la source Cardinal, qui est souvent prescrite par la Faculté.

Puis vient la source de Capus, située à environ 300 mètres de l'établissement thermal, et à laquelle on peut se rendre par une jolie avenue de marroniers et par un berceau de vignes. Les eaux de Capus sont connues et appréciées de très-vieille date; il ne leur manque, pour être très-célèbres, qu'un meilleur aménagement.

Reste enfin la source de la Vernière, dont la réputation n'est pas moins bien établie. Cette eau gazeuse est surtout employée pendant les repas, elle est apportée chaque jour à l'heure de la table d'hôte.

Les baigneurs, pendant leur séjour à Lamalou-l'Ancien, ne sont pas abandonnés à eux-mêmes.

M. le docteur Privat, depuis vingt-cinq ans bientôt inspecteur de nos thermes, habite le hameau de Lamalou pendant toute la belle saison. Plusieurs autres médecins se tiennent également à la disposition des malades, pendant la saison.

Quant à l'hôtel de l'établissement, il est tenu en régie par un maître d'hôtel ancien chef au café Riche de Paris et ses instructions lui recommandent tout particulièrement les soins à donner aux baigneurs.

Les prix de l'hôtel sont très modérés; on peut y prendre ses repas, soit à table d'hôte. soit à la carte, dans de vastes salles à manger; on sert dans leur chambre ceux qui le désirent.

On y trouve des appartements et chambres depuis 2 francs par jour, la table d'hôte coute de 4 à 6 francs.

Un café, convenablement assorti, est jusqu'à minuit laissé ouvert à la disposition des baigneurs.

Pour ceux qui veulent faire des promenades, chevaux et voitures sont également consacrés au service spécial de l'établissemeut et de l'hôtel.

Les lettres et les journaux arrivent trois fois par jour.

Un bureau de poste est établi à Lamalou depuis juin jusqn'en septembre.

Les journaux arrivent chaque matin au salon de lecture. Le prix d'abonnement en est très-modéré. On y trouve également ment une bibliothèque composée d'ouvrages de différents genres.

La télégraphie privée fonctionne également à Lamalou. Il est donc très-facile d'envoyer ou de recevoir une dépêche télégraphique à Lamalou-l'Ancien.

VOYAGE A LAMALOU-L'ANCIEN

Chemin de fer. — Omnibus. — Prix des places, etc.

Le voyage à Lamalou-l'Ancien n'est pas aussi long ni aussi pénible qu'on pourrait le croire.

Les voyageurs, partis de Paris le soir à sept heures par le train rapide, sont rendus le lendemain soir, à cinq heures et demi, à Lamalou-l'Ancien.

Le chemin de fer (30 kilog. de bagages par personne compris) coûte, de Paris à Lyon, 57 fr. 36 c. en première, 43 fr. en seconde. 31 fr. 55 c. en troisième ; — de Lyon à Béziers, 44 fr, 75 c. en première, 34 fr. 20 c. en seconde, 25 fr. 60 c. en troisième ; — de Bordeaux à Béziers, 48 fr. 40 c. en première, 36 fr. 30 c. en seconde, 26 fr. 60 c. en troisième ; — de Béziers à Bédarieux, 4 fr. 60 c. en première, 3 fr. 45 c. en seconde, 2 fr. 55 c. en troisième.

Total de Paris à Lamalou, 117 fr. en première, 87 fr. en seconde, 64 fr. en troisième.

Les convois express de Paris à Cette mettent seize heures pour faire le trajet ; de Cette à Béziers, une heure ; de Béziers à Bédarieux, une heure et demie ; de Bédarieux à Lamalou-l'Ancien, l'omnibus fait le parcours en quarante-cinq minutes.

On part de Marseille le matin à neuf heures, pour arriver à Lamalou dans la soirée.

Dans les derniers mois de 1875, la ligne de Montpellier à Rodez étant ouverte jusqu'à Bédarieux on évitera le passage par Cette et Béziers et le trajet de Montpellier à Lamalou sera fait en 2 heures 1/2, le trajet de Paris sera donc abrégé de cinq heures; alors de Marseille, de Lyon et de Paris, on viendra à Lamalou directement par Montpellier et Bédarieux sans passer par Cette et Béziers.

Lors de l'ouverture totale de cette même ligne, c'est-à-dire entre Rodez et St-Affrique, il est à croire qu'un train express ou au moins direct desservira Montpellier par Rodez et Bédarieux et alors le parcours sera encore considérablement abrégé, de même que le prix du voyage sera sensiblement diminué pour les malades venant de Paris ou de Lyon.

Un omnibus spécial au grand établissement de Lamalou-l'Ancien attend les voyageurs à tous les trains du chemin de fer de Béziers à Graissessac, à leur arrivée à Bédarieux, et les transporte immédiatement à l'établissement thermal.

Voici donc la marche à suivre pour tout voyageur qui se propose de se rendre à Lamalou-l'Ancien :

S'il part de Paris de Lyon ou de Marseille, il doit prendre au chemin de fer de Lyon un billet pour Bédarieux.

En définitive, les voyageurs de Paris, de Lyon, de Nantes, de Bordeaux, de Marseille, de Toulouse, peuvent venir à Lamalou sans avoir à faire d'autre trajet en voiture que celui de la gare de Bédarieux à l'établissement thermal.

Il faut, pendant la route, se tenir en défiance contre les donneurs de renseignements officieux, fournis souvent par une concurrence plus ou moins loyale, et ne point oublier que Lamalou-l'Ancien existe depuis plusieurs centaines d'années, que ses Sources sont les plus chaudes du Vallon et que ce sont elles qui ont fait connaître au monde médical cette station devenue si importante.

Nous avons réuni dans ce petit opuscule tous les renseignements principaux qui pourraient être utiles au public; il va sans dire que la Direction s'empresse de répondre à toutes les lettres par lesquelles on pourrait lui en demander de plus complets.

Les voyageurs de Marseille et de Bordeaux arrivent dans la soirée à Lamalou.

Les chemins de fer de Lyon à Paris, à Marseille et à Bor-

deaux donnent des billets directs jusqu'à Bédarieux et on n'a
point en route à se préoccuper de ses bagages.

Liste des adresses à Lamalou-l'Ancien :

Propriétaire de l'établissement thermal, M. P. Cère, ancien
Préfet.

Médecin inspecteur : M. le Dr Privat ; autres médecins do
miciliés à Lamalou pendant la saison ; MM. les docteur
Boissié, Coste, Eustache.

Régisseur général de l'établissement thermal et du gran
Hôtel, Symphorien Mas.

Restaurant du Grand-Hôtel. — Louis Aiguillon.

Régisseur des Sources et de l'établissement thermal, Jea
Mas.

Loueur de voitures. — Entrepreneur des omnibus, Fan
jeaux.

Hôtels voisins : du Midi, Bétirac ; de France, Félix Gayraud
du Nord, Tabarié ; d'Orient, Bazile ; du Petit Paris, Lacan

Appartements meublés à louer, MM. Salles, Viguié.

Maisons meublées : Blayac, Molinié, Jougla, Tabarié
Tamire, Ferret Berthomieux, Mme Soucier, Fajou, Castanié
veuve Levêque, veuve Robert, Ferret aîné.

Poissy. — Typ. S. Lejay et Cie.

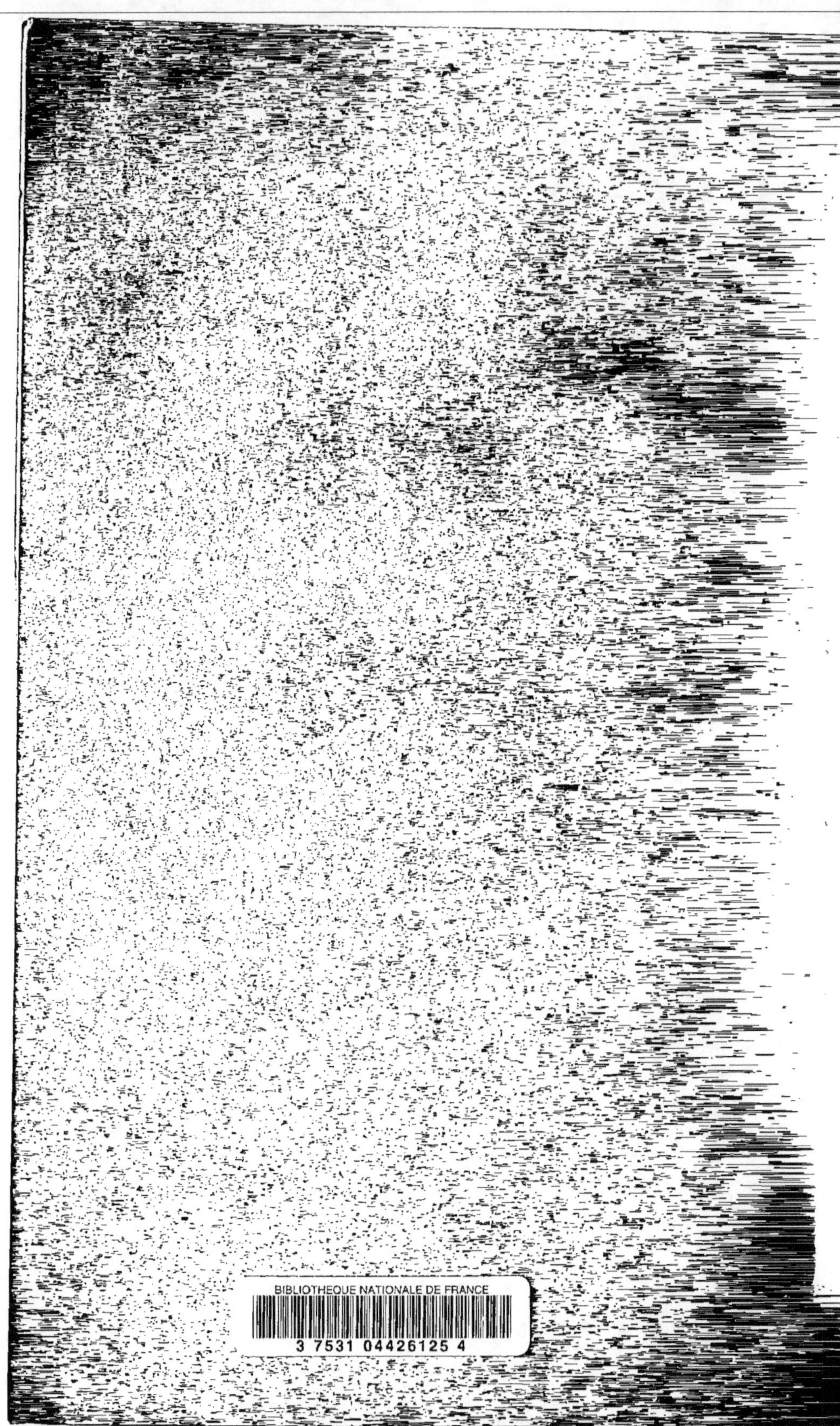
BIBLIOTHEQUE NATIONALE DE FRANCE
3 7531 04426125 4

www.ingramcontent.com/pod-product-compliance
Lightning Source LLC
Chambersburg PA
CBHW051734050726
47598CB00003B/1180